I0706875